# 谢军
# 国际象棋教程

练 习 册

U0439859

U0125760

# 目 录

# 两步杀练习（计时）

**要求：** 5分钟5题，正确率达到100%，优；正确率达到80%，合格。

　　5分钟6~10题，正确率达到100%，主动进入战术习题计时练习。

　　10分钟10题，正确率达到100%，优；正确率达到80%，合格。

## 白先胜

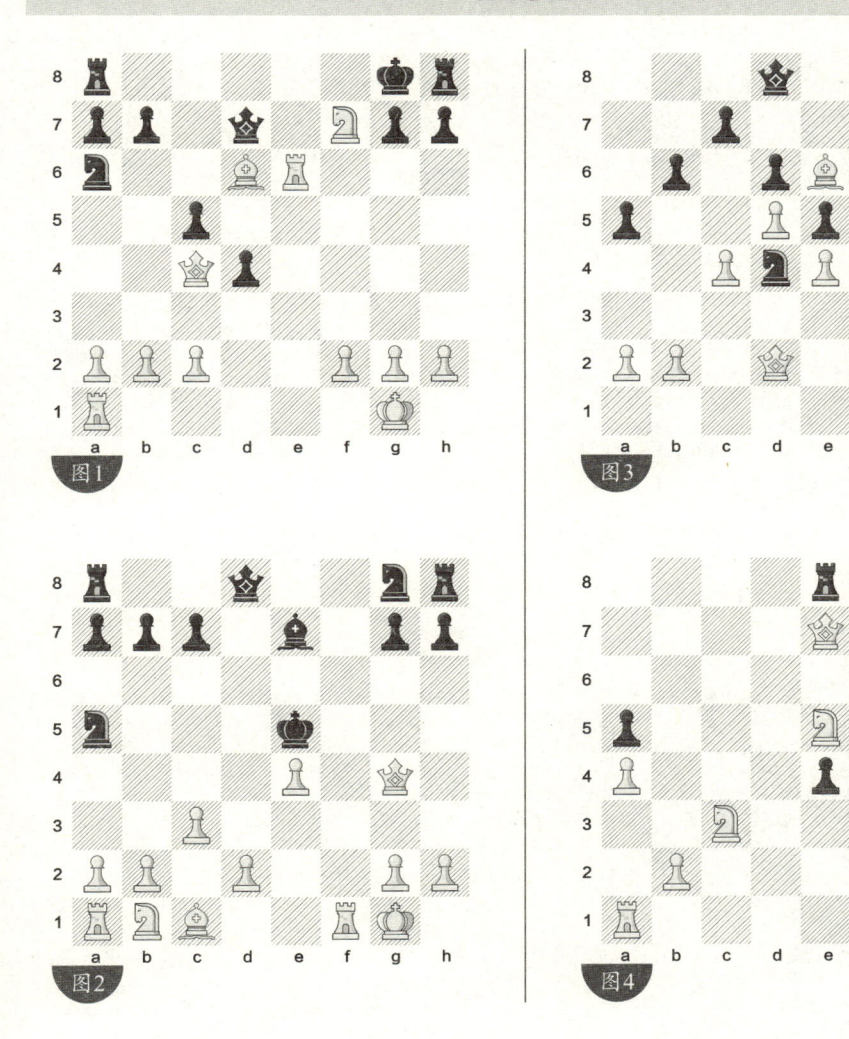

图1

图2

图3

图4

# 白先胜

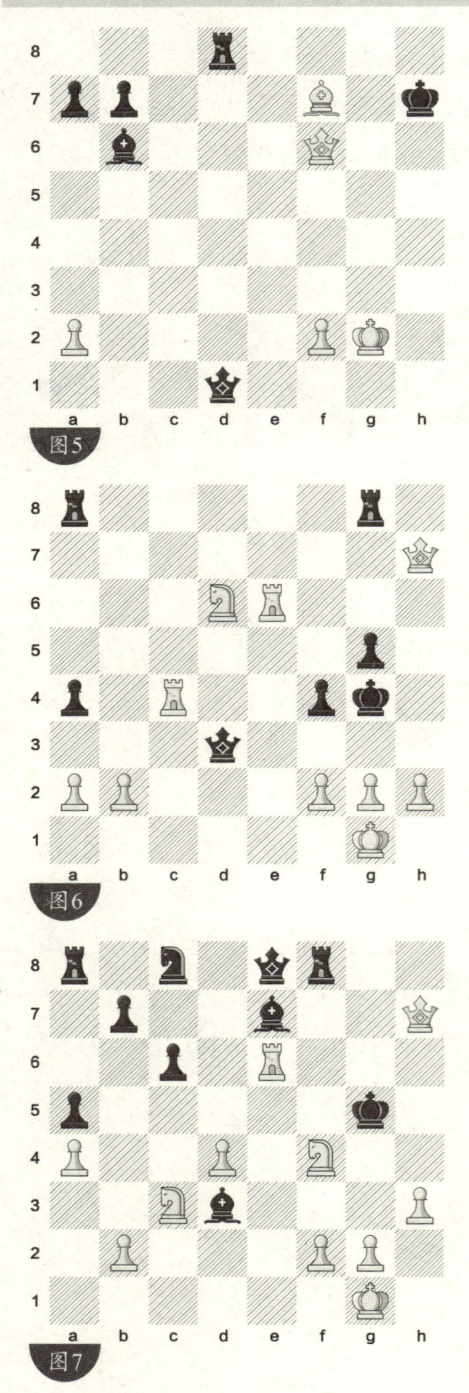

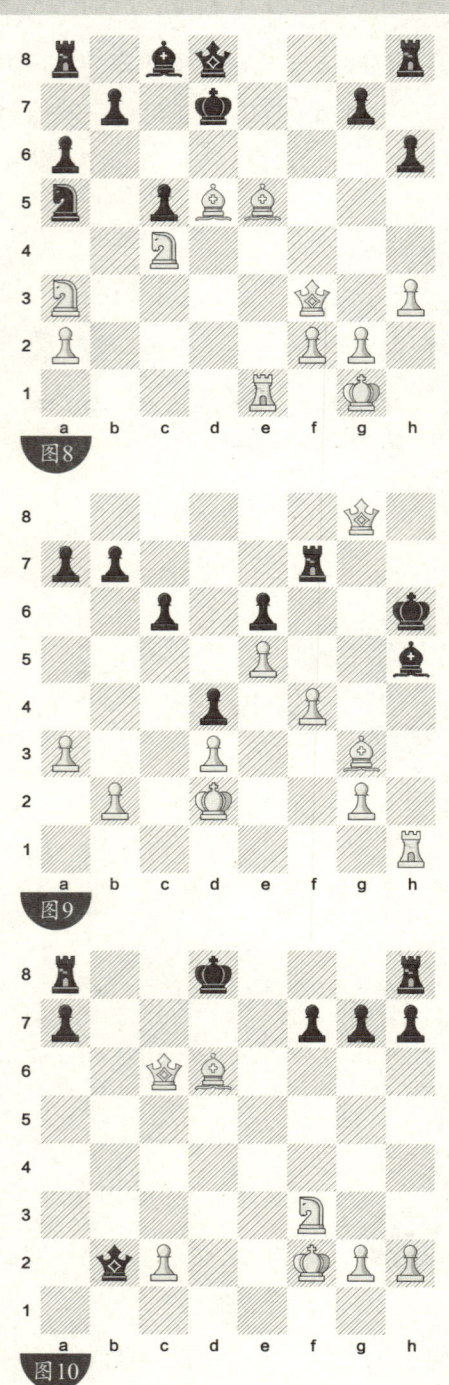

# 白先胜

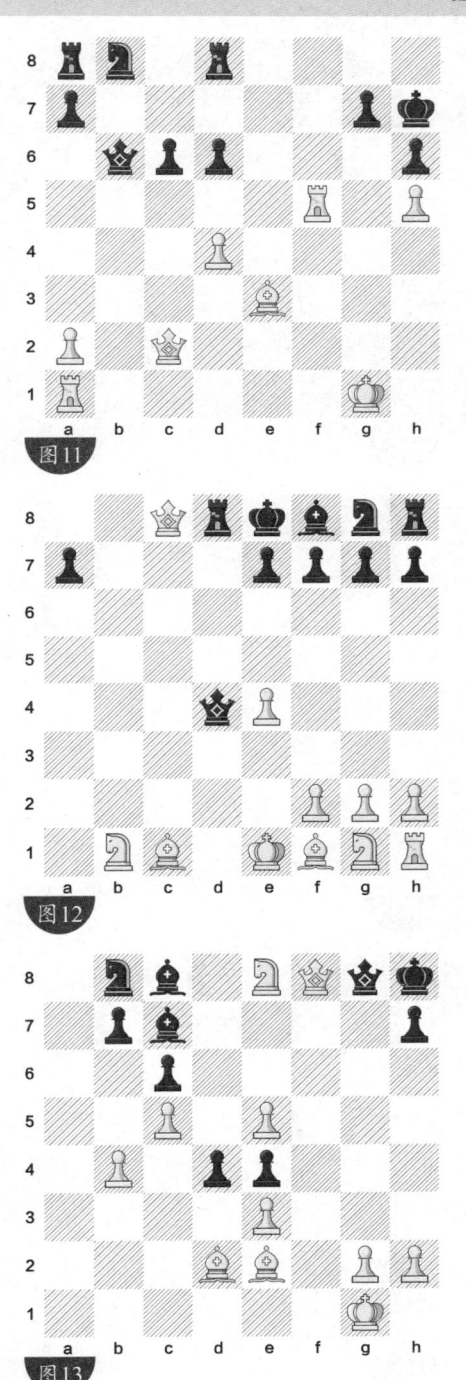

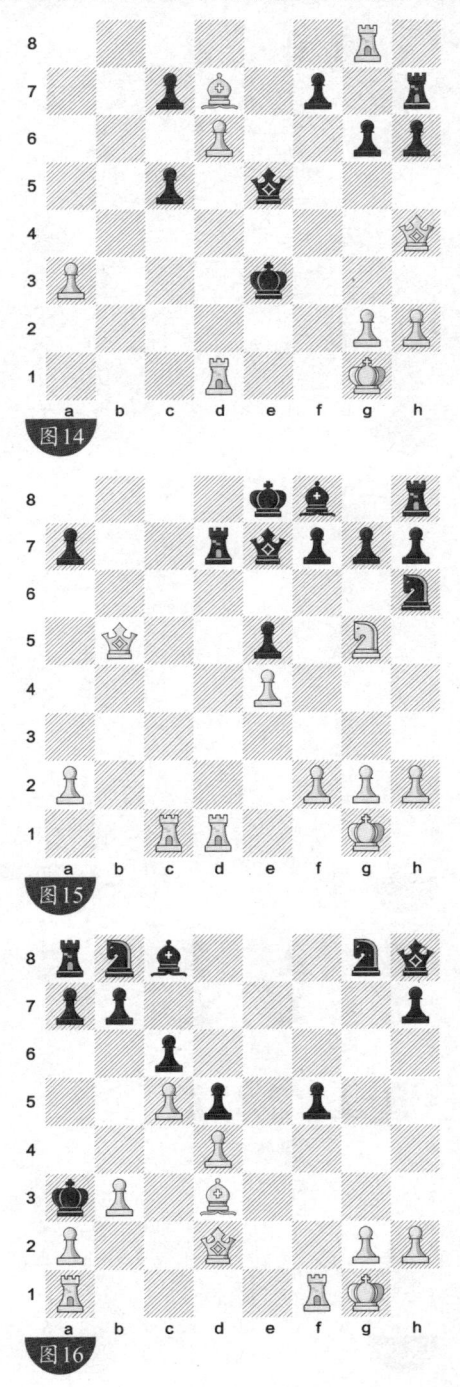

## 白先胜

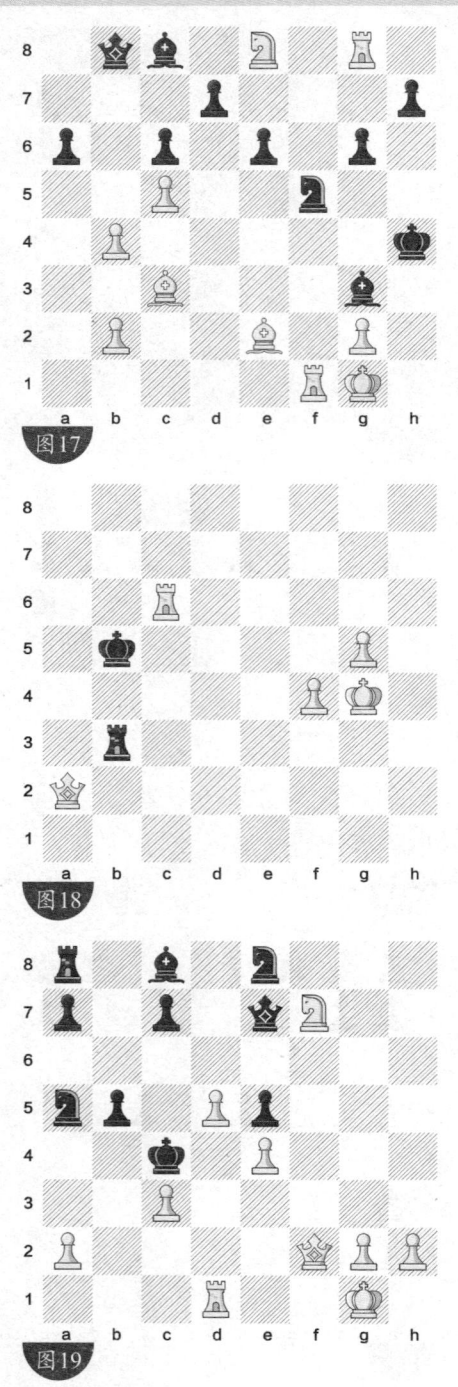

图17

图18

图19

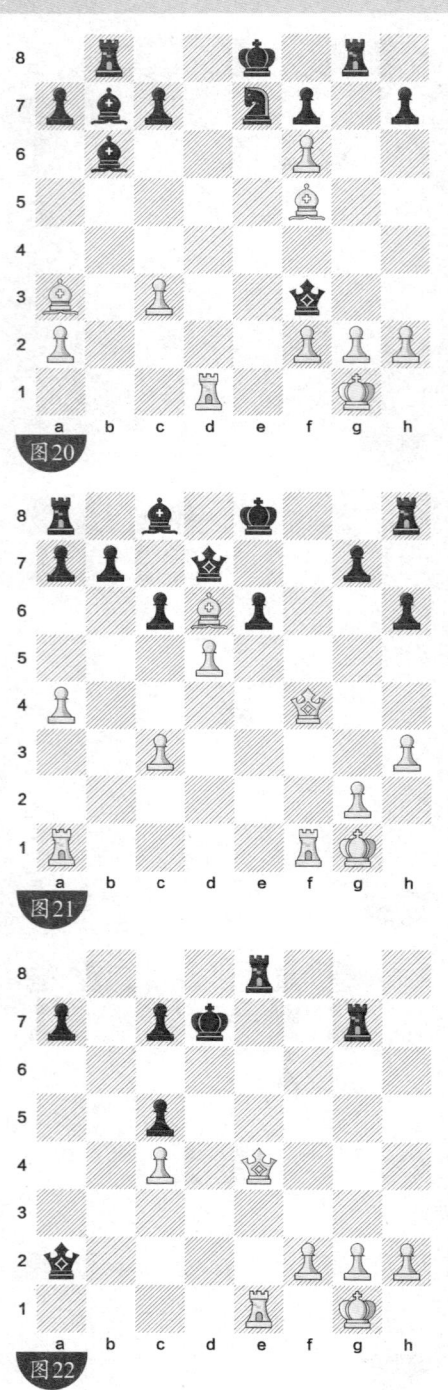

图20

图21

图22

# 白先胜

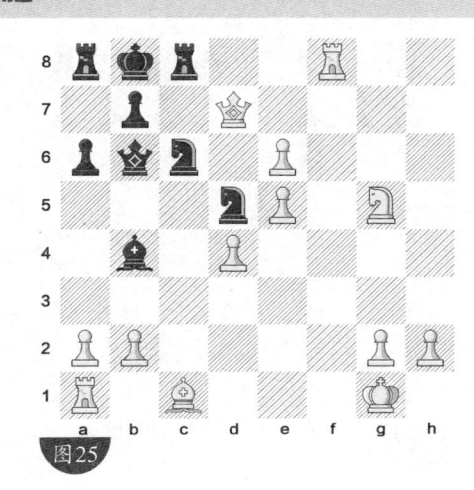

图23

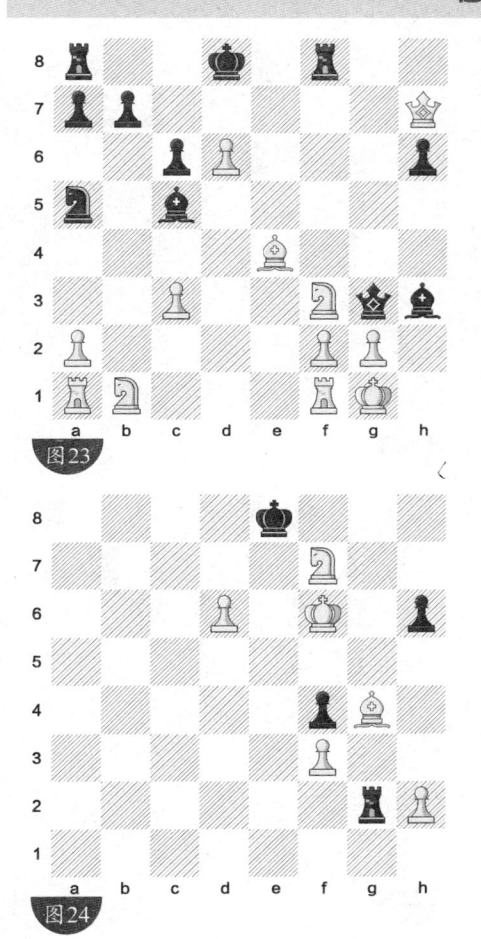

图24

## 黑先胜

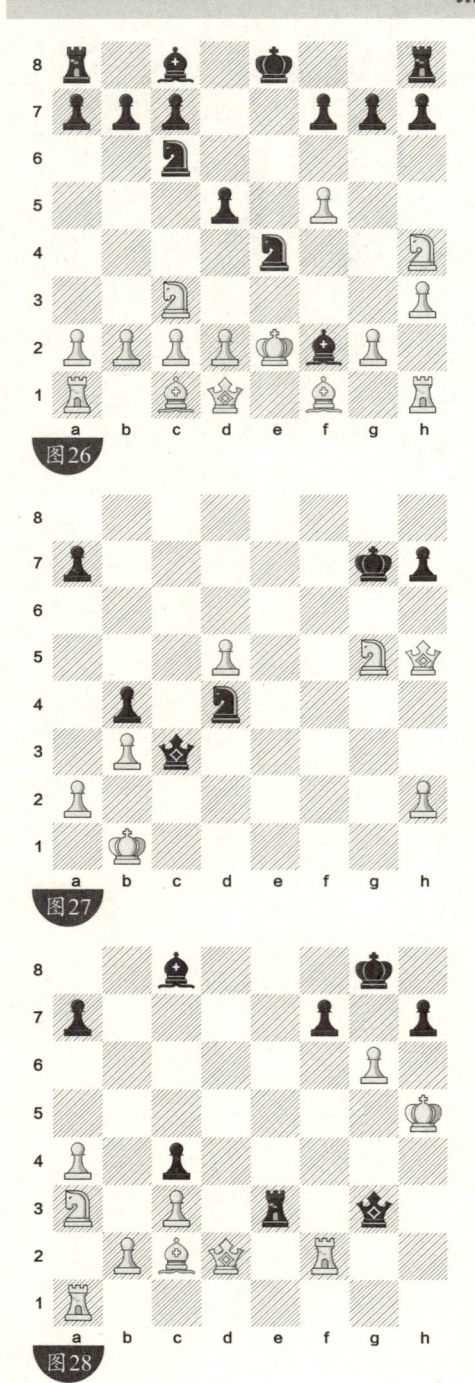

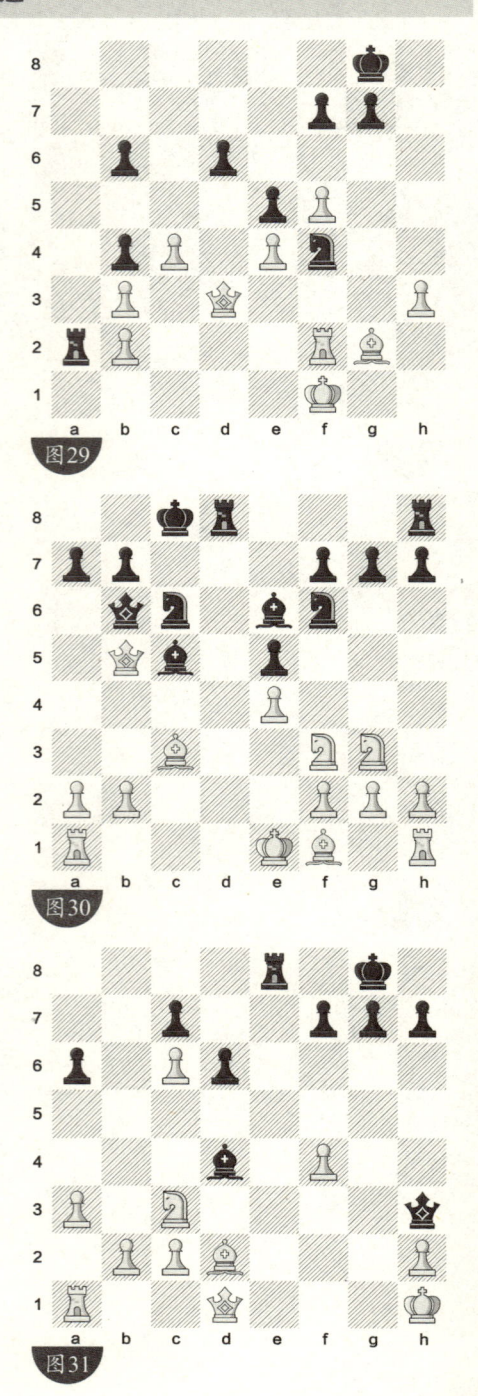

## 黑先胜

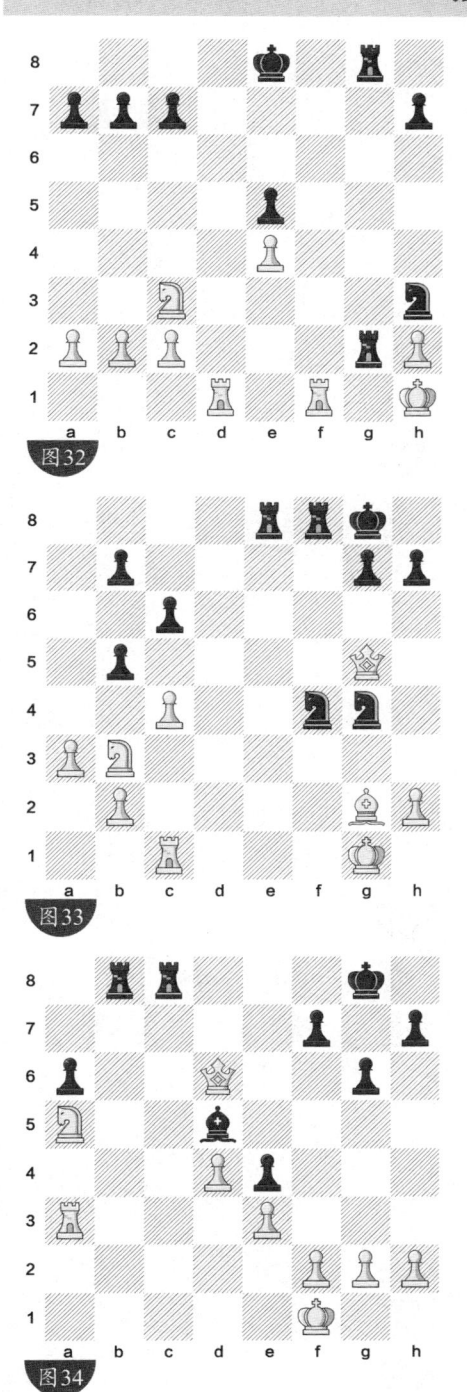

# 黑先胜

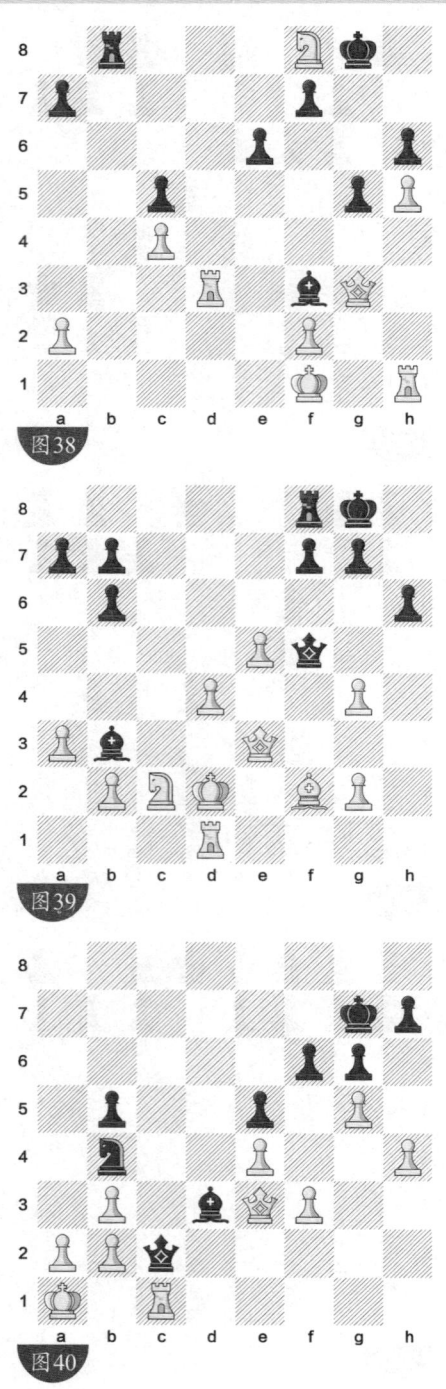

图38

图39

图40

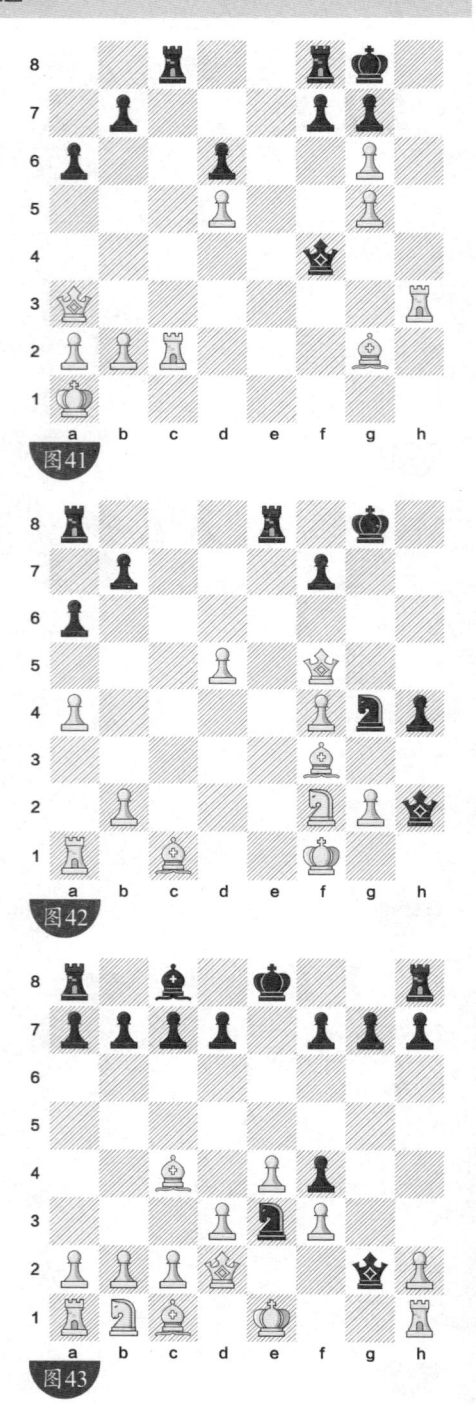

图41

图42

图43

# 黑先胜

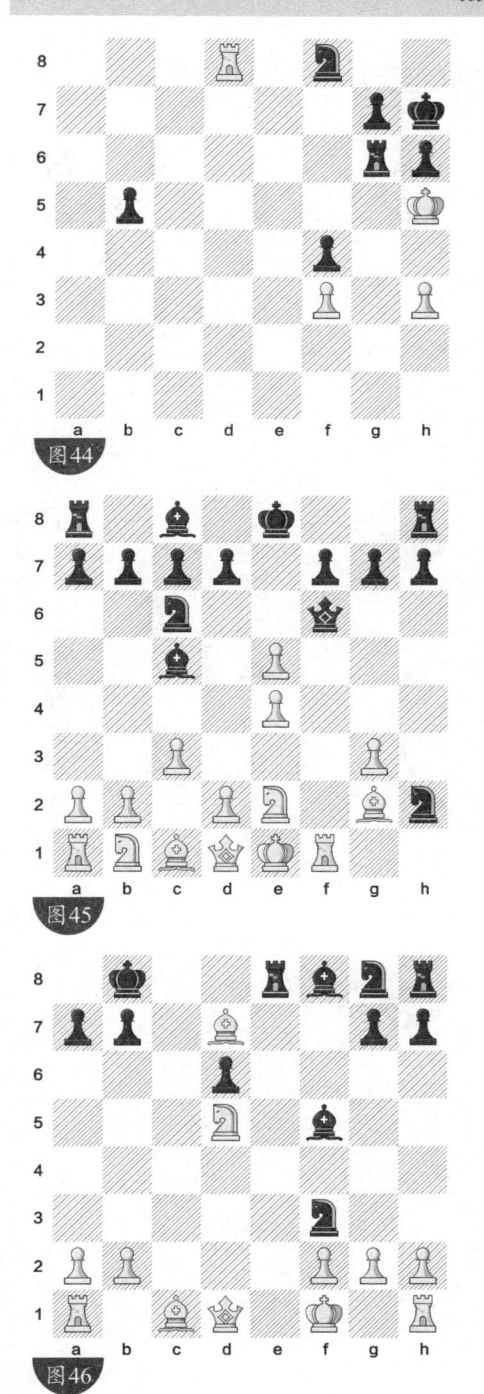

图44

图45

图46

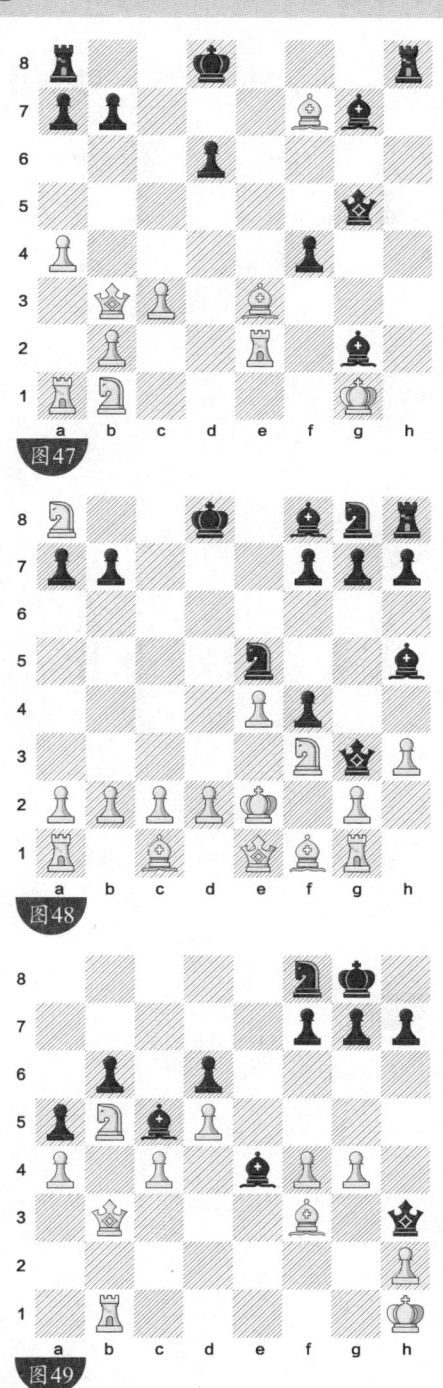

图47

图48

图49

## 战术练习

战术练习

## 白先胜（取得胜势）

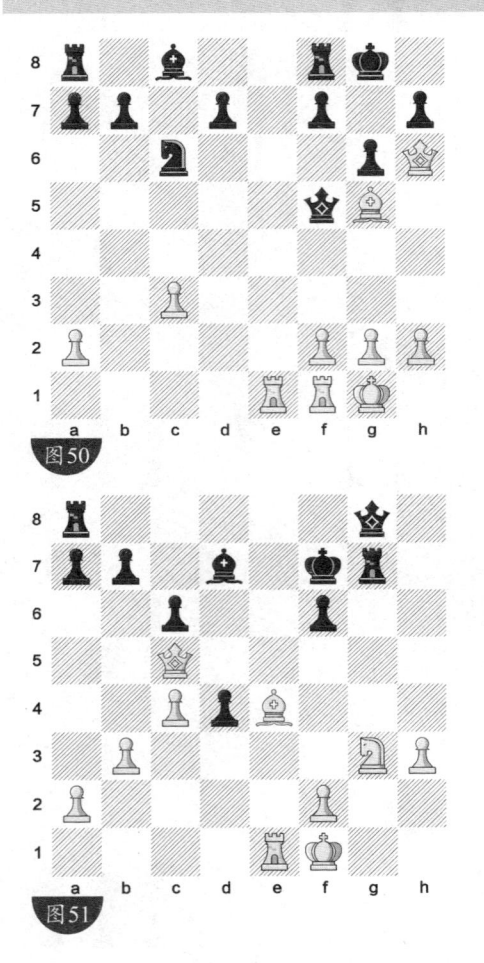

图50

图51

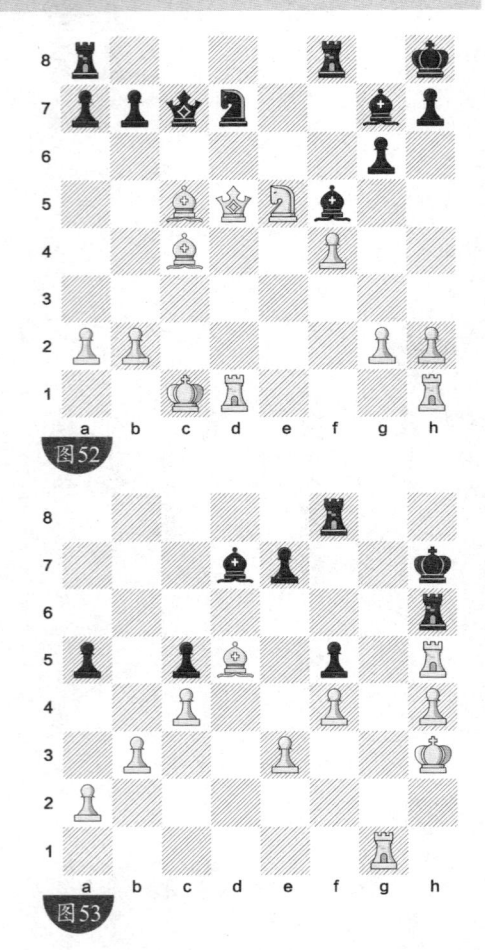

图52

图53

# 白先胜（取得胜势）

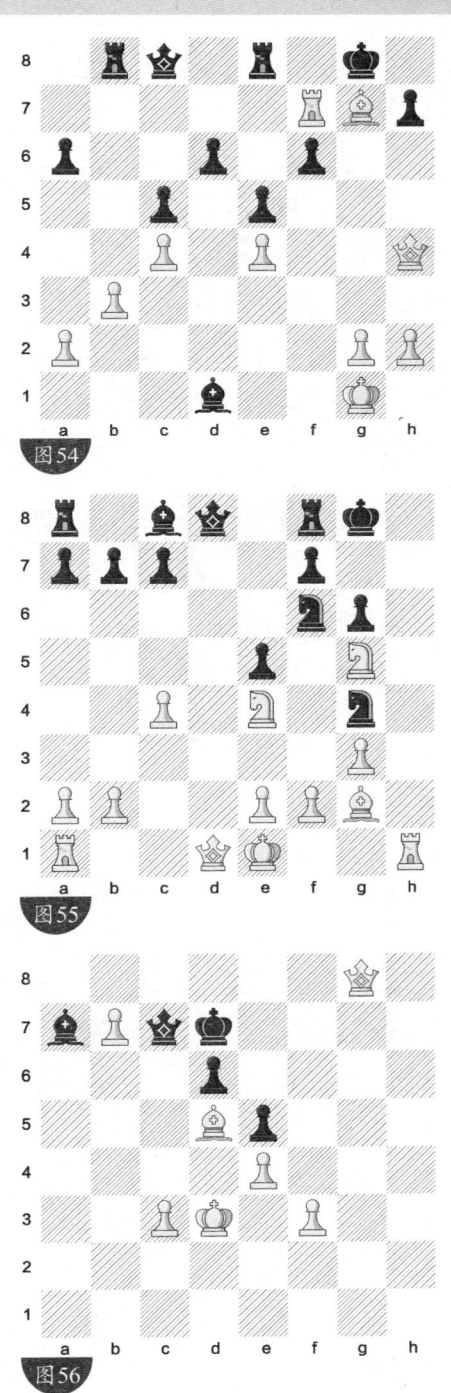

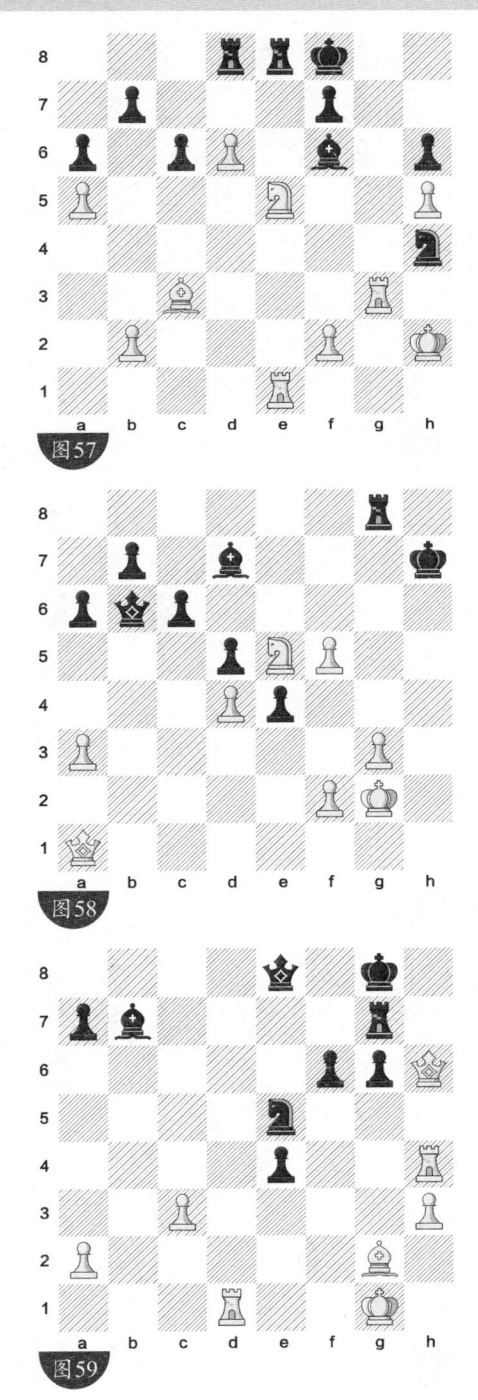

战术练习

# 白先胜（取得胜势）

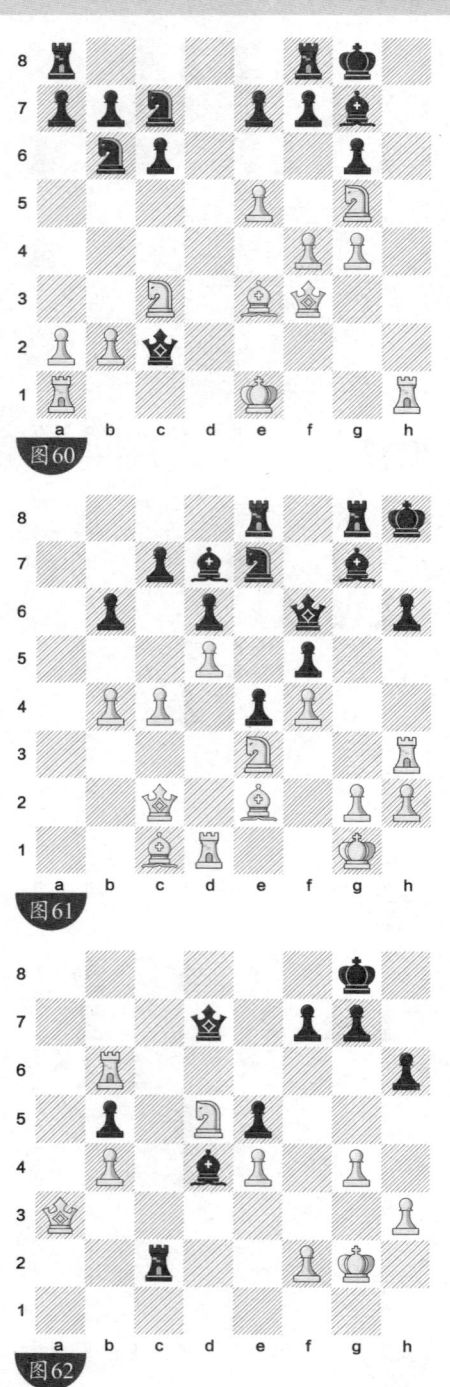

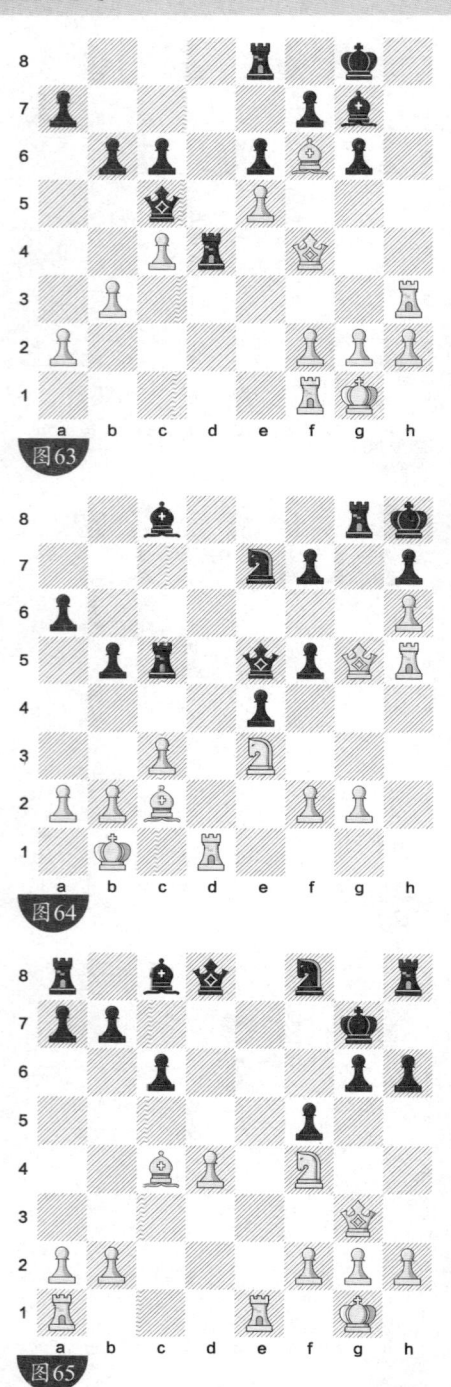

# 白先胜（取得胜势）

图66

图67

图68

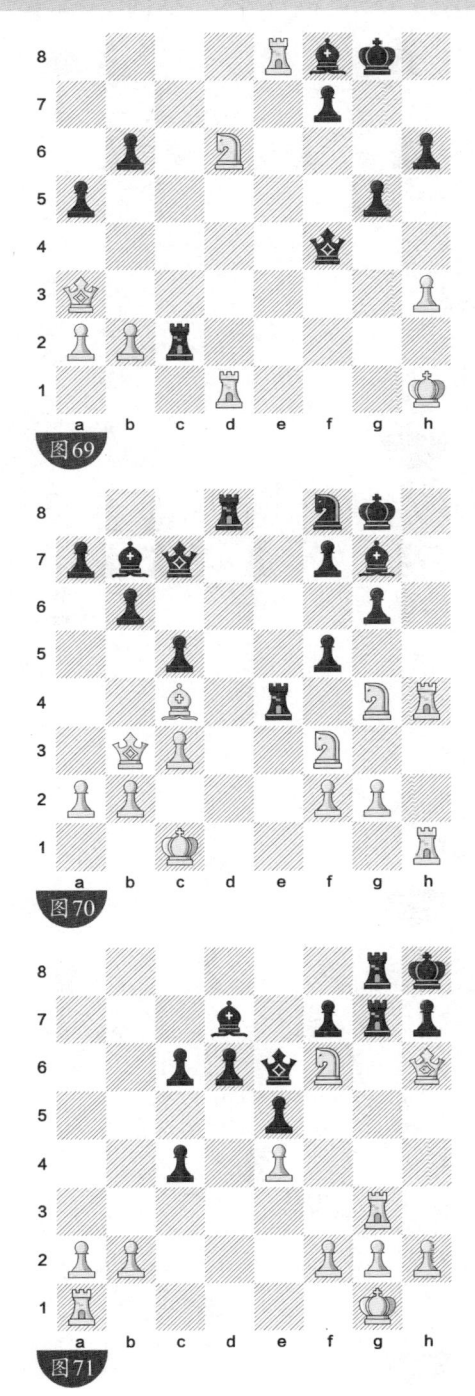

图69

图70

图71

# 白先胜（取得胜势）

图72

图73

图74

图75

图76

图77

# 白先胜（取得胜势）

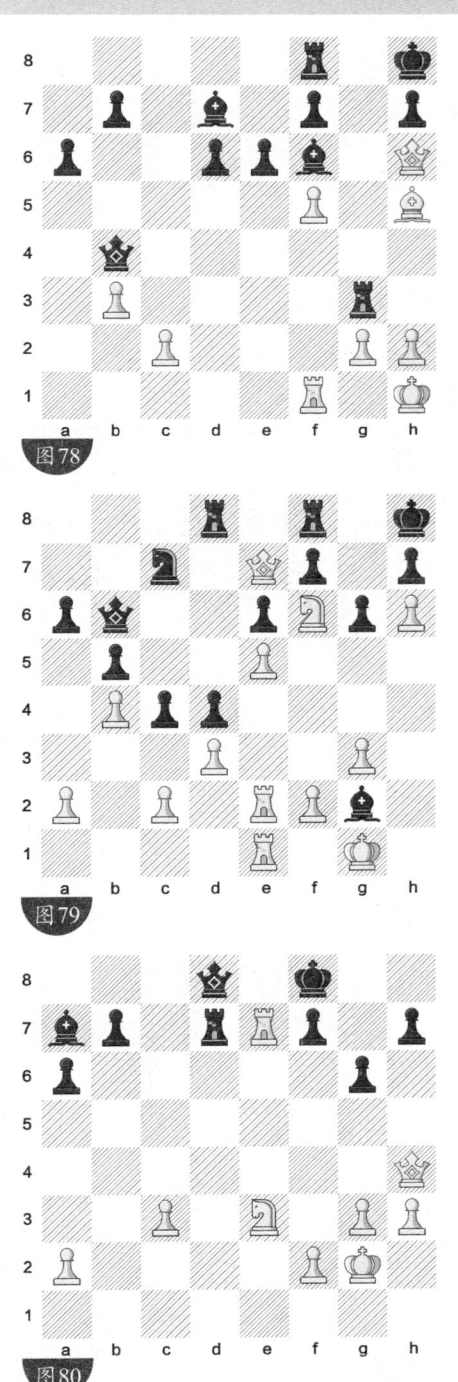

图78

图79

图80

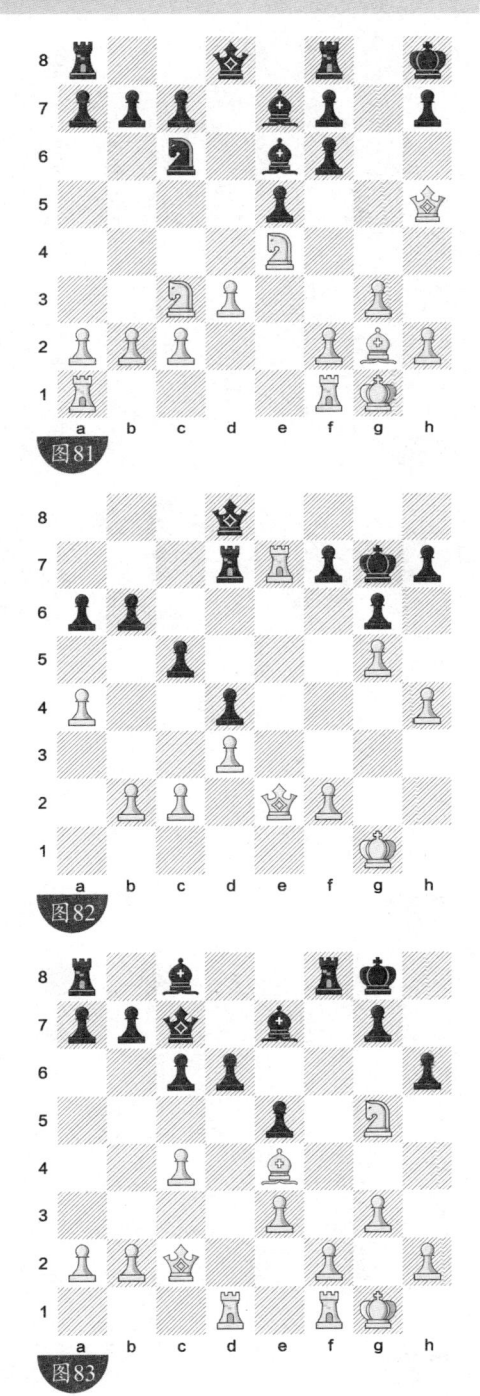

图81

图82

图83

# 白先胜（取得胜势）

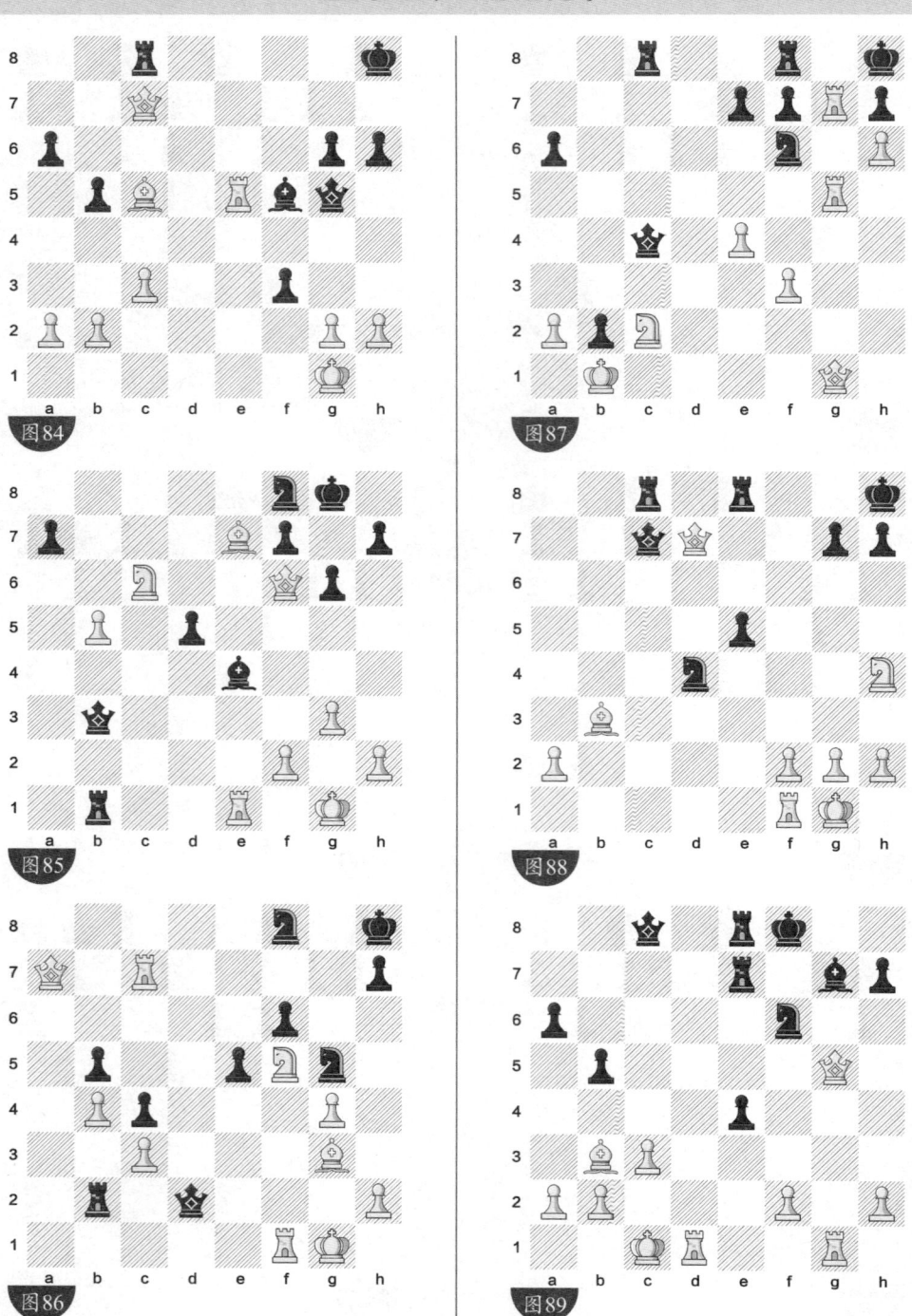

图84

图85

图86

图87

图88

图89

# 白先胜（取得胜势）

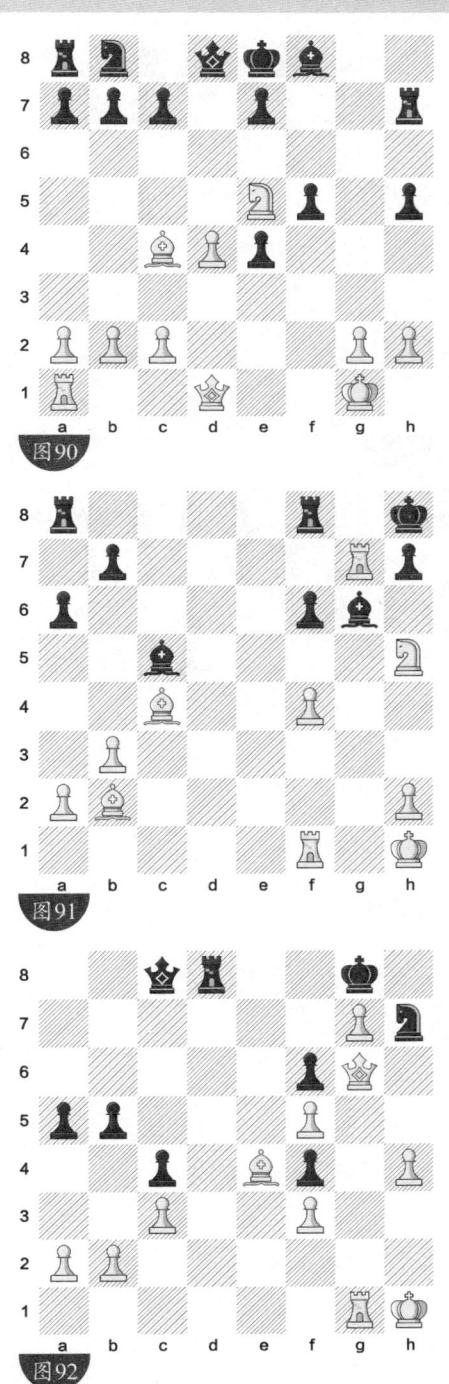

图90

图91

图92

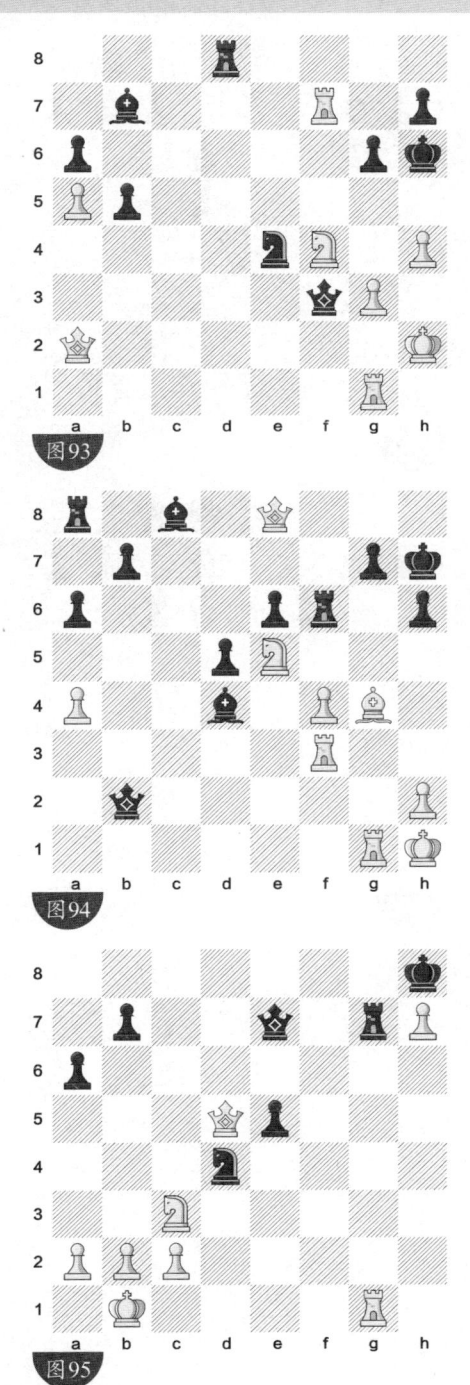

图93

图94

图95

## 白先胜（取得胜势）

图96

图97

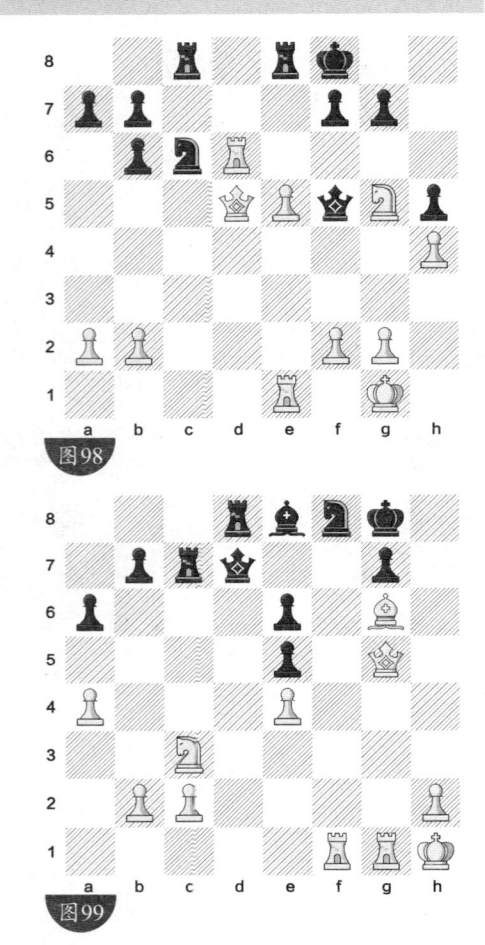

图98

图99

# 计算力练习

## 白先胜（取得胜势）

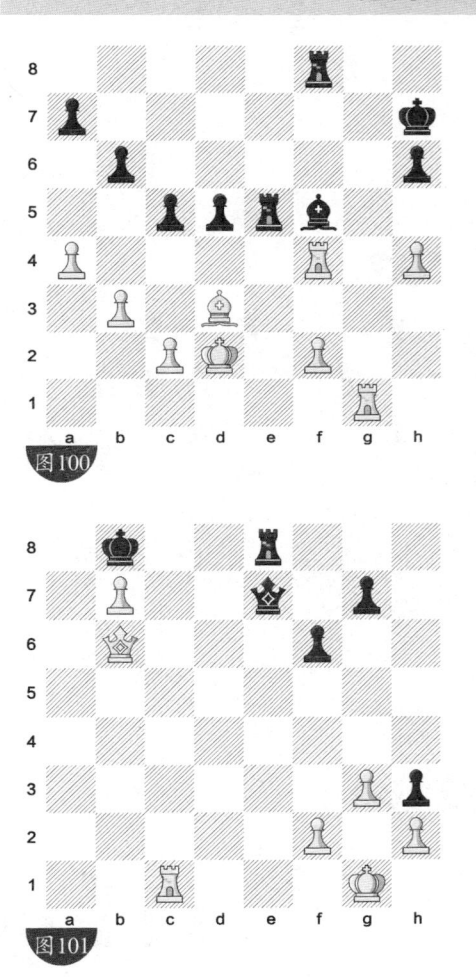

图100

图101

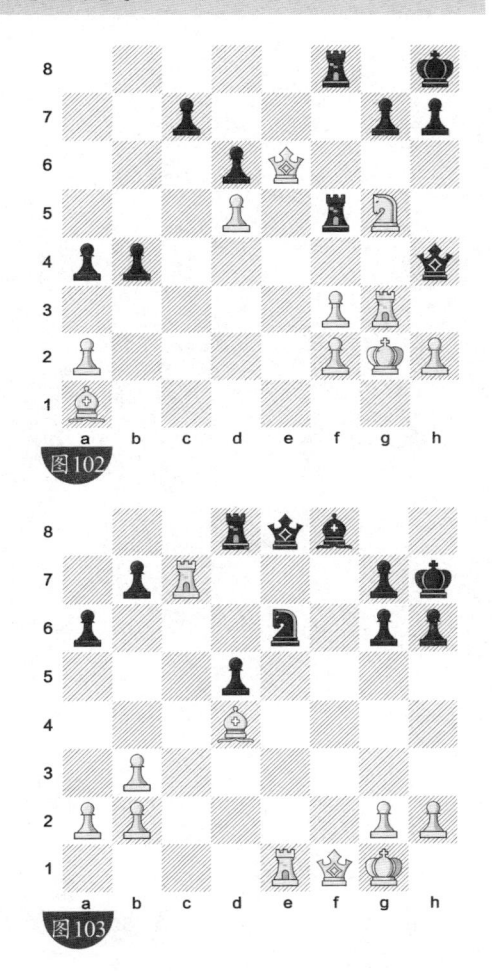

图102

图103

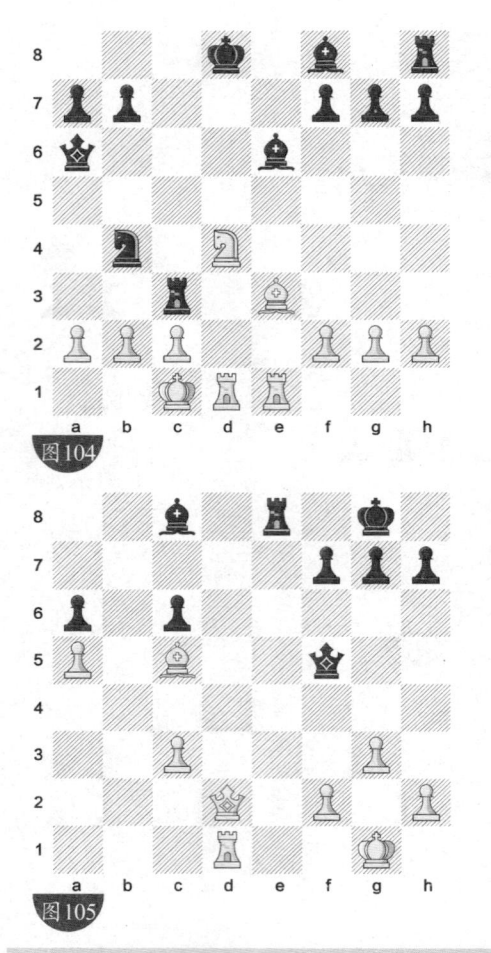

图104

图106

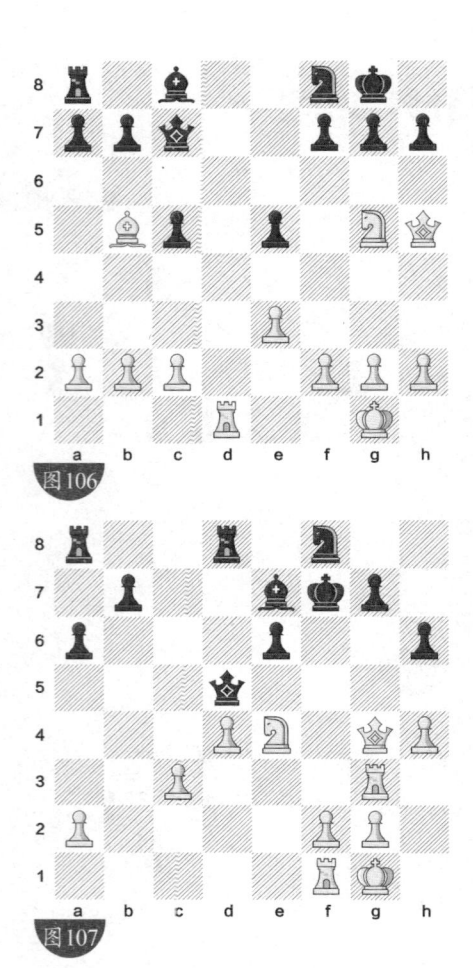

图105

图107

## 黑先胜（取得胜势）

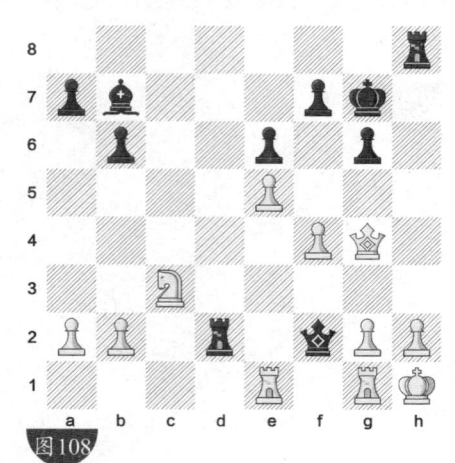

图108

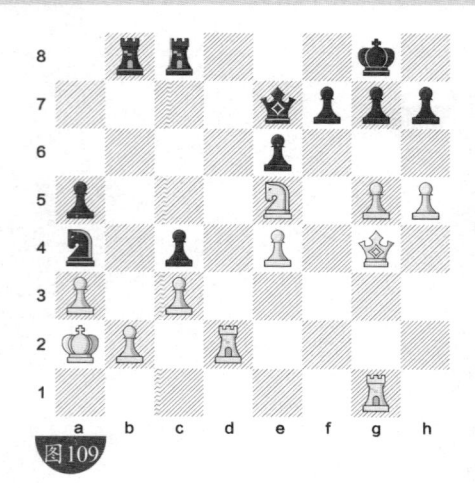

图109

# 棋评

请根据提问作答，在列出棋图的地方停下来，进行思考。

## 对局1

### 白方：别列亚夫斯基——黑方：古尔科

弈于1981年

1.e4 e5 2.马f3 马c6 3.象c4 马f6 4.d3 象c5 5.0–0 0–0 6.c3 象b6 7.车e1 d6 8.马bd2 马e7

思考1：黑方除了退马到e7，还有什么调子计划？

9.马f1 马g6 10.马g3 象e6 11.象b3 h6 12.h3 车e8 13.d4

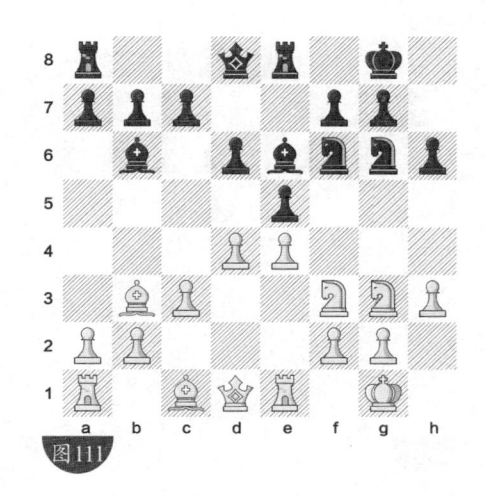

思考2：白方挺进中心兵，棋局形势对哪一方有利？为什么？

13...c6

思考3：黑方还可以考虑采取什么样的走法？

14.象c2 后c7 15.象e3 车ad8 16.后e2 马f4

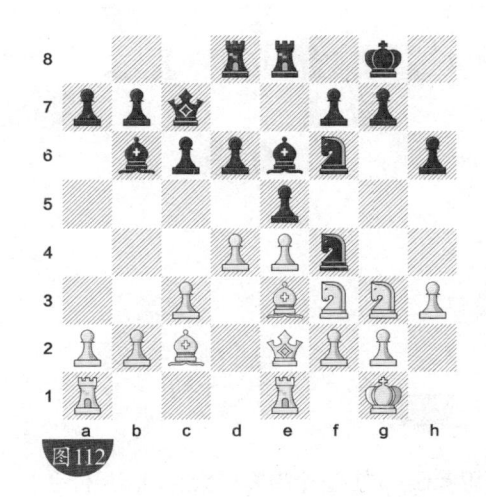

思考4：黑方这步棋好不好？你能为黑方想到什么计划？

17.后d2 马g6 18.车ad1 d5

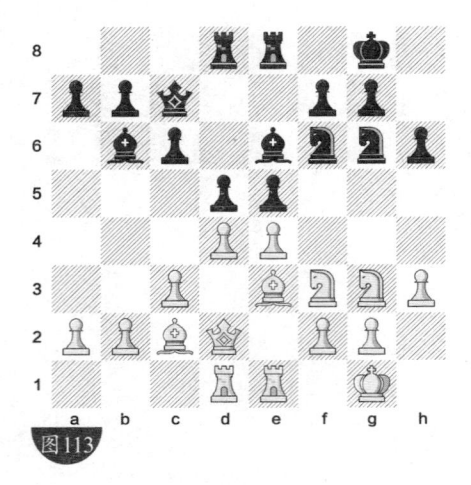

图113

思考5：黑方挺进中心兵好不好？白方应该怎样应对？

19.马×e5! 马×e5 20.象f4 马fd7 21.e×d5 象×d5 22.d×e5 马×e5 23.车×e5! 车×e5 24.c4

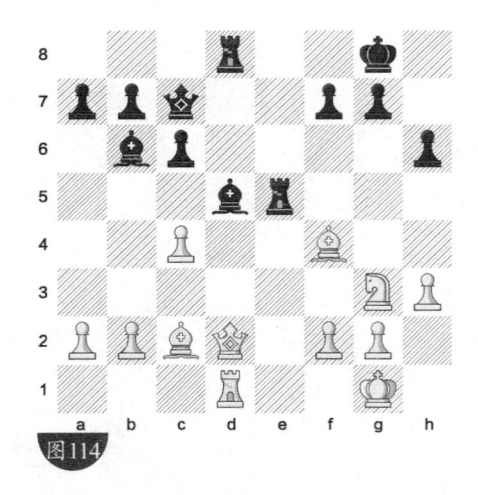

图114

思考6：你对这个棋局形势的判断是什么？

24...后e7 25.象×e5 象f3 26.后×d8+! 象×d8 27.g×f3 象b6 28.f4 后c5 29.象d4 后×c4 30.象b3 后b4 31.象×b6

a×b6 32.车d7 后×f4 33.象×f7+ 王h7 34.象g6+!

黑方认输，白胜。

## 对局2

**白方：斯维斯尼科夫 – 黑方：克拉森科夫**

弈于1997年

1.e4 e5 2.马f3 马c6 3.象c4 象c5 4.c3 马f6 5.d4 e×d4 6.e5 d5

思考1：黑方在中心挺兵到d5的走法怎么样？

7.象b5 马e4 8.c×d4 象b4+ 9.马bd2 象d7 10.0–0 0–0 11.马×e4

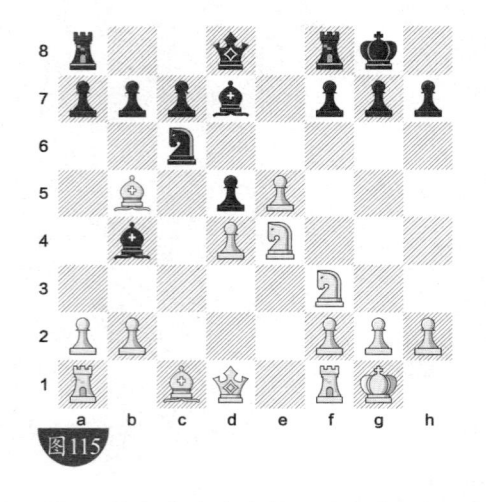

图115

思考2：除了在中心交换子力，你还想到什么走法？

11...d×e4 12.马g5 马×e5

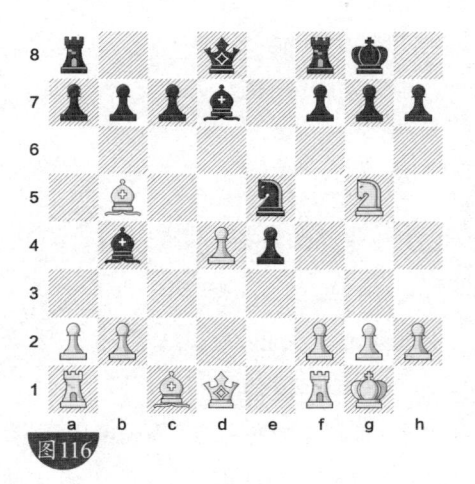

图116

思考3：黑方这步马吃兵的走法是不是好棋？还能怎么下？

13.后a4!

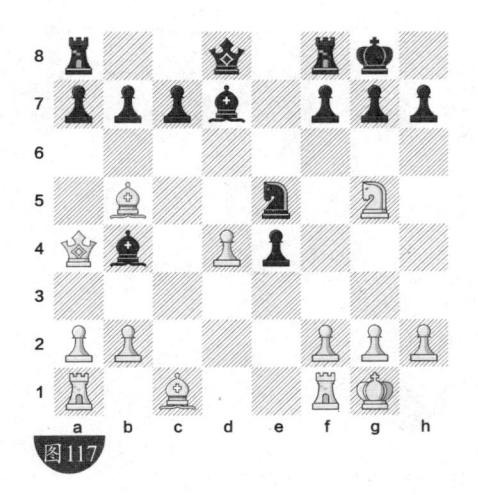

图117

思考4：自己是否计算过白后到a4这步棋？

13...象×b5 14.后×b5 马d3 15.象e3 后e7 16.f3

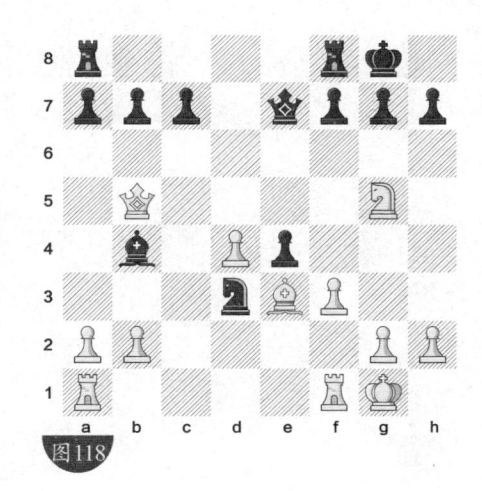

图118

思考5：白方这步棋的目的是什么？白方能吃b7兵吗？

16...c6 17.后c4 b5! 18.后×c6

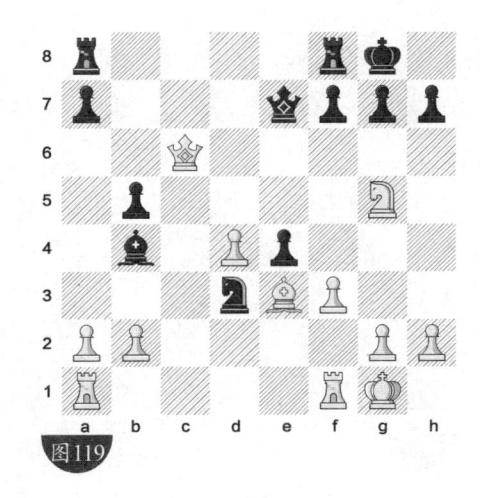

图119

思考6：白方吃兵好不好？

18...e×f3 19.车×f3 马e1!

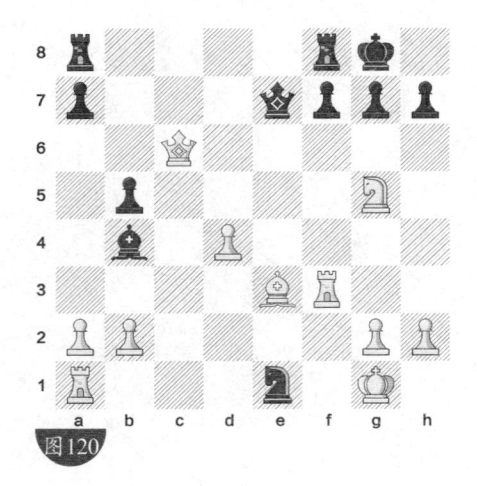

图120

思考7：这样的棋局形势对哪一方有利？

20.车 g3  车 ac8 21.后 ×b5 h6! 22.马 h3  马 c2

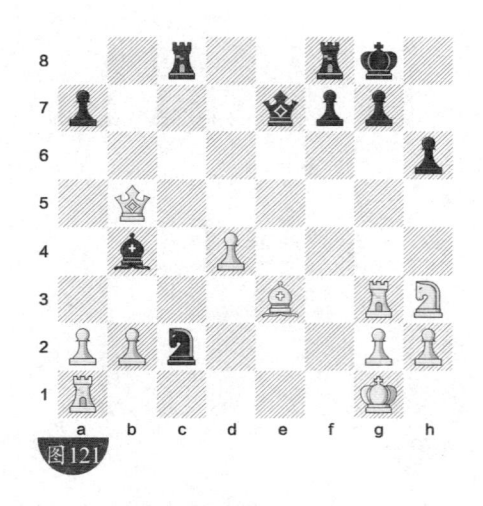

图121

思考8：白方的攻王和黑方即将获得的子力优势哪一个对己方更有利？

23.象 ×h6  马 ×a1 24.后 f1 g6 25.后 ×a1  车 fe8 26.象 e3  后 ×e3+! 27.车 ×e3  车 ×e3 28.王 f2  车 e1 29.后 ×e1  象 ×e1+ 30.王 ×e1  车 c2 31.马 f4  车 ×b2 32.h4  车 ×a2 33.g4 a5 34.h5 a4 35.h×g6 a3 36.g×f7+  王

×f7 37.马 d3  车 h2

白方认输，黑胜。

## 对局3

**白方：卡斯帕罗夫——黑方：阿南德**

弈于1995年

1.e4 e5 2.马 f3  马 c6 3.象 b5 a6 4.象 a4  马 f6 5.0–0  马 ×e4

思考1：你对这个变化的了解有多少？

6.d4 b5 7.象 b3 d5 8.d×e5  象 e6 9.马 bd2  马 c5 10.c3 d4 11.马 g5 d×c3 12.马 ×e6 f×e6 13.b×c3  后 d3

图122

思考2：这个开局是否学习过？

14.象 c2!!

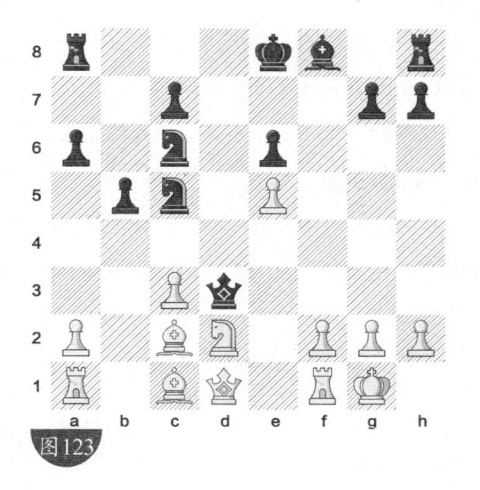

图123

思考3：白方弃兵的走法是不是太危险了，需要提前做什么准备？

14... 后 ×c3 15. 马 b3

思考4：白方这步棋好不好？

15... 马 ×b3 16. 象 ×b3 马 d4

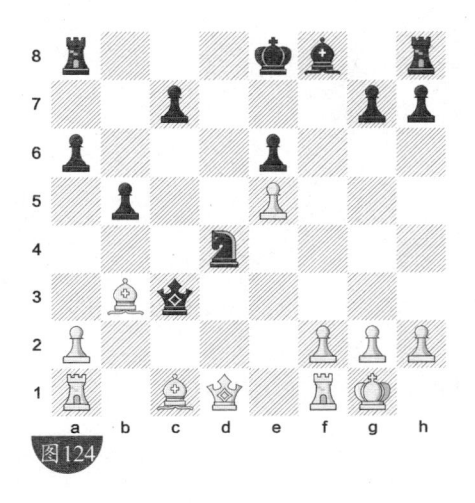

图124

思考5：黑方为什么不消灭白车？

17. 后 g4 后 ×a1

思考6：黑方如果不吃车，还能怎么走？

18. 象 ×e6 车 d8

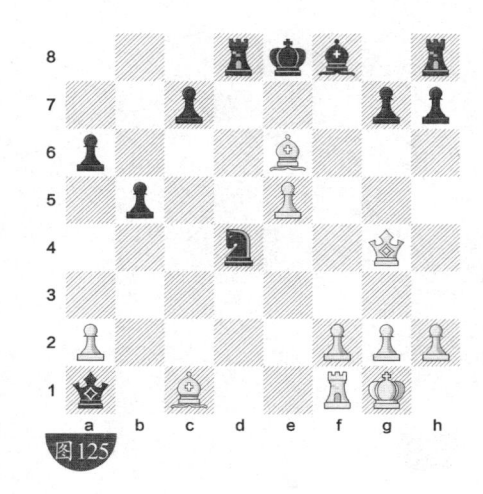

图125

思考7：黑方走 18... 马 ×e6 行不行？

19. 象 h6 后 c3

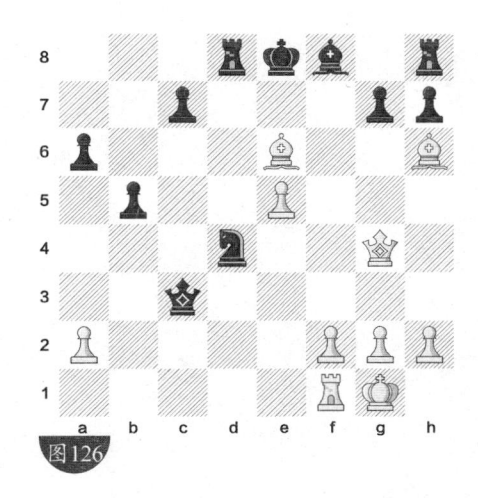

图126

思考8：黑方的阵营很空虚，刚才是否可以走 19... 后 ×f1+？

20. 象 ×g7 后 d3 21. 象 ×h8 后 g6 22. 象 f6 象 e7 23. 象 ×e7 后 ×g4 24. 象 ×g4 王 ×e7

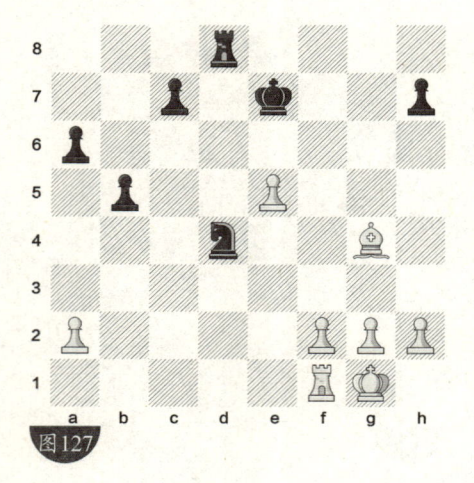

图127

思考9：刚才白方的攻势很凶猛，为什么白方会采取兑子的下法呢？

25. 车c1 c6 26.f4 a5 27. 王f2 a4 28. 王e3 b4 29. 象d1 a3

30.g4 车d5 31.车c4 c5 32.王e4 车d8 33. 车×c5 马e6 34.车d5 车c8 35.f5 车c4+ 36. 王e3 马c5 37.g5 车c1 38.车d6

黑方认输，白胜。

请按照以下步骤获取本书练习册答案。

步骤1

• 点击微信聊天界面右上角的"+"，弹出功能菜单（图1）。点击"扫一扫"，扫描下方的二维码。

步骤2

• 添加"阿育"为好友（图2），进入聊天界面并回复关键词【62532答案】（图3），等待片刻。

步骤3

• 点击弹出的链接，即可获取本书练习册的答案（图4）。

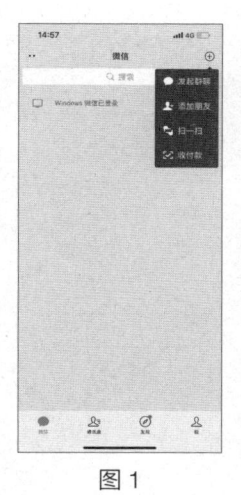

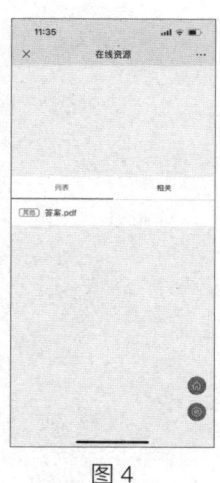

| 图1 | 图2 | 图3 | 图4 |